La Tierra y e

Ilustrado por Sylvaine Pérols
Realizado por Gallimard Jeunesse
y Jean-Pierre Verdet
Traducción del francés:
Paz Barroso

sm saber/MUNDO MARAVILLOSO

¡Mira! Éste es nuestro planeta, la Tierra.

La Tierra está rodeada de nubes.

Es una gran bola fría
que gira alrededor de otra bola
mucho más caliente
y mucho más grande:
el Sol.

El aire que respiramos
envuelve a la Tierra.

En la superficie de la Tierra hay continentes con montañas y llanuras y, sobre todo, grandes mares.

Bajo la superficie
hay varias capas de rocas.

Los animales y las plantas viven a poca
profundidad bajo la superficie de la Tierra...

.. y también sobre
su superficie.

Sobre la superficie de los continentes fluyen
los torrentes y los ríos.

A veces, el agua crea bajo tierra
grutas y ríos   subterráneos.

Algunas montañas
arrojan humo...

... y también cenizas
y rocas fundidas
que salen del centro
ardiente de la Tierra.
Esas montañas de fuego
se llaman volcanes.

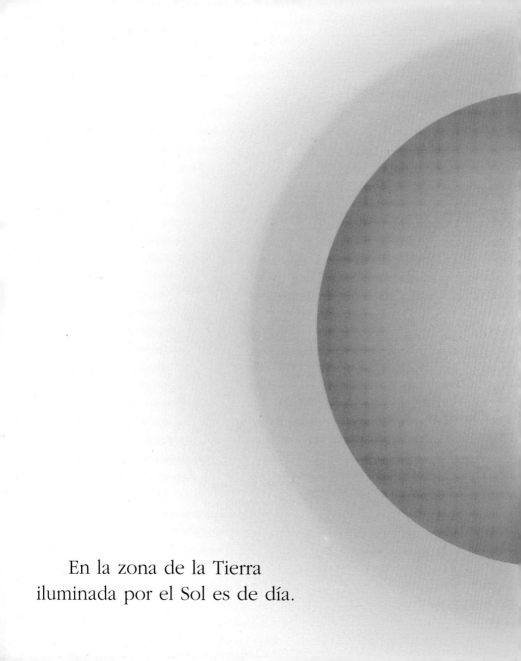

En la zona de la Tierra
iluminada por el Sol es de día.

A medida que la Tierra gira
sobre sí misma, el Sol va
iluminando distintas
zonas del planeta.

En las zonas que se alejan
del Sol, oscurece y
se hace de noche.

El Sol no calienta con la misma fuerza

En los polos
hay hielo porque hace
siempre mucho frío.

todas las regiones de la Tierra.

Cerca del ecuador hace
siempre mucho calor.

¡Mira la Tierra vista
desde la Luna!

Luna llena   Luna de tres cuartos   Media Luna   Cuarto menguante

La Luna gira alrededor de la Tierra,
al tiempo que la Tierra gira alrededor del Sol.

Desde la Tierra, sólo vemos una parte
de la Luna que ilumina el Sol.

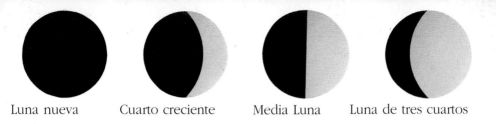

Luna nueva   Cuarto creciente   Media Luna   Luna de tres cuartos

Por eso la Luna nos muestra
cada día un aspecto diferente.
Son las fases de la Luna.

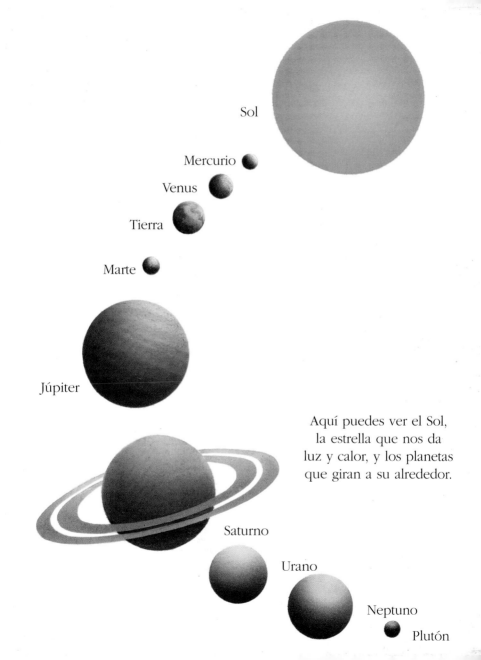

Sol

Mercurio

Venus

Tierra

Marte

Júpiter

Aquí puedes ver el Sol,
la estrella que nos da
luz y calor, y los planetas
que giran a su alrededor.

Saturno

Urano

Neptuno

Plutón

Ahora estás sobre la Luna.
La Tierra aparece en el horizonte
y se eleva por el cielo.